Sandra Cichon

Käpten Zottelbart und seine Mannschaft

Eine spannende Piratengeschichte
für Kinder ab 6 Jahren

1. Auflage
2022
© Alle Rechte vorbehalten

Käpten Zottelbart und seine Mannschaft

Copyright © 2022

1. Auflage

Sandra Cichon

Autor: Sandra Cichon

Umschlaggestaltung: Daniela Patricia Brenner

Korrektorat: Daniela Woppmann

Buchsatz: Giorgia Mascara (gio_bookdesign)

ISBN: 978-3-949772-52-8 (eBook)
        978-3-949772-50-4 (Print)
        978-3-949772-51-1 (Hardcover)

Das Werk, einschließlich seiner Teile, ist urheberrechtlich geschützt. Jede Verwendung ist ohne Zustimmung des Herausgebers unzulässig. Dies gilt insbesondere für die elektronische oder sonstige Vervielfältigung, Übersetzung, Verbreitung und öffentliche Zugänglichmachung. Nachdruck, auch in Auszügen, ist nicht gestattet.

Käpten Zottelbart und seine Mannschaft

KAPITEL 1: Käpten Zottelbart — 4

KAPITEL 2: Die Mannschaft — 8

KAPITEL 3: Das Piratenschiff — 12

KAPITEL 4: Die geheimnisvolle Flasche — 16

KAPITEL 5: Die Schatzinsel — 28

KAPITEL 6: Der Dieb — 44

Käpten Zottelbart

Käpten Zottelbart ist ein waschechter Pirat. Er hat einen langen feuerroten Bart, der dringend mal gebürstet werden muss. Deswegen hat er den Namen Käpten Zottelbart. Außerdem trägt er eine Augenklappe. Bei einem Kampf mit einem Seeungeheuer hat er sein rechtes Auge verloren. Sein Holzbein hat er auch dem Seeungeheuer zu verdanken. Nun hört man ihn immer, wenn er über das Schiff läuft. Tock, tock, tock macht es, wenn er das Deck entlang schreitet. So weiß die Mannschaft immer, wann ihr Käpten im Anmarsch ist. Dann machen sie sich schnell wieder an die Arbeit und liegen nicht mehr faul herum.

Wie es sich für einen richtigen Piraten gehört, trägt er einen großen Piratenhut. Auf seiner Schulter sitzt ein frecher Papagei, namens Wilma. Die Papageiendame ist ihm irgendwann auf einer Landerkundung zugeflogen und seitdem seine treue Begleiterin. Nur selten hält sie ihren Mund...äh, Schnabel. Ständig plappert sie Käpten Zottelbart ins Ohr: „Ahoi Piraten, ahoi Piraten."

Käpten Zottelbart

Die Mannschaft

Ein Pirat braucht neben einem Piratenschiff auch eine Mannschaft. Er kann ja schließlich das große Schiff nicht alleine steuern. Aber Käpten Zottelbart hat nicht irgendeine Mannschaft. Nein! Fünf gefährliche Seeräuber plündern mit ihm zusammen andere Schiffe und verbreiten Angst und Schrecken. Naja…da sind auch ein paar lustige Gestalten dabei. Der tollpatschige Tim zum Beispiel heißt so, weil er ständig über seine eigenen Füße stolpert oder vom Stuhl fällt. Neulich erst ist er rückwärts mit seinem Stuhl umgekippt. Dabei hat er den Tisch umgestoßen. Das ganze Essen ist auf dem Boden gelandet.

Dann gibt es noch den kräftigen Klaus. Der ist bärenstark aber nicht gerade der Schlauste.

Er kann nicht einmal 1+1 zusammenrechnen. Der stotternde Piet ist dagegen sehr schlau und weiß immer wo es was zu entdecken gibt. Deshalb sitzt er meistens oben auf dem Mast und hält Ausschau nach neuen Abenteuern. Dann wäre da noch der humpelnde Hans. Er ist der älteste der Piraten. Er weiß alles über das Meer, was man wissen muss. Der letzte Pirat der Bande ist der stumme Henry . Er ist der Schiffskoch und redet nie. Eigentlich kann er nur ein Gericht gut kochen und das ist Haferschleim. Es gibt also jeden Tag Haferschleim. Ein ganz schön verrückter Haufen ist das.

Der kräftige Klaus

Der stumme Henry

Das Piratenschiff

Ein Pirat wäre kein echter Pirat, wenn er nicht ein großes Piratenschiff hätte. Das Schiff sieht wirklich gefährlich aus. Es ist dunkelbraun, fast schwarz und schon sehr, sehr alt. Es gehörte schon dem Ur-Ur-Uropa von Käpten Zottelbart. Er hat es damals mit seinen bloßen Händen gebaut. Die Geschichte erzählt Käpten Zottelbart ständig, denn er ist sehr stolz auf seinen Ur-Ur-Uropa. Nicht jeder kann so ein stabiles Schiff mit seinen bloßen Händen bauen. Seine Mannschaft verdreht schon immer die Augen, wenn er wieder den Satz beginnt: „Aaalso damals vor 120 Jahren..."
Sie können die Geschichte schon in- und auswendig. Die Segel haben schon viele Stürme erlebt und einige

Löcher davon getragen. Deshalb haben sie sehr viele bunte Flicken. Aber sie halten und treiben das große Schiff schnell voran. Ganz oben am Mast flattert eine schwarze Piratenflagge mit einem Totenkopf. So wissen alle anderen Schiffe sofort, dass das ein Piratenschiff ist. Aber entkommen kann Käpten Zottelbart und seiner Mannschaft niemand. Denn sie haben das schnellste Schiff in allen Weltmeeren.

Das Piratenschiff

Die geheimnisvolle Flasche

Lange haben Käpten Zottelbart und seine Mannschaft schon kein Schiff mehr geplündert oder Raubzüge an Land begangen. Um ehrlich zu sein, waren sie nie sehr erfolgreich. Ärger gehen sie doch lieber aus dem Weg. Sie lieben es einfach mit ihrem Schiff herumzufahren und neue Orte zu entdecken. Nun schippern sie aber schon wieder wochenlang herum, ohne neue Ländereien entdeckt zu haben. „Mann ist das heute langweilig! Mir fehlt mal wieder ein richtiges Abenteuer", murmelt der Käpten in seinen Bart. „Abenteuer, Abenteuer", krächzt Wilma von seiner Schulter. Der humpelnde Hans, der tollpatschige

Tim und der kräftige Klaus spielen währenddessen Karten auf dem Vorderdeck. Aus der Schiffsküche, auch Kombüse genannt, duftet es nach... Na was glaubst du? Genau, frischem Haferschleim, den der stumme Henry eifrig für seine Kameraden zubereitet.

Hoch oben auf dem Mast, wie soll es anders sein, schaut der stotternde Piet aufmerksam durch sein Fernrohr.

Plötzlich ruft er vom Mast herunter: „K-K-K-Käpten, K-K-K-Käpten, da schwimmt etwas im W-W-Wasser! Es sieht aus w-w-wie eine F-F-Flasche, K-Käpten. Ich g-g-glaube, da ist ein Stück Papier d-d-drin."

Käpten Zottelbart schwelgt gerade in Erinnerungen an das letzte große Abenteuer und wird abrupt aus seinem Tagtraum gerissen. „Was sagst du, eine Flasche mit einem Stück Papier?", fragt der Käpten neugierig. „Naja, mittlerweile schwimmt alles Mögliche im Meer herum. Aber wer weiß, vielleicht verbirgt sich im Inneren eine Botschaft", denkt Zottelbart hoffnungsvoll.

„Männer, setzt die Segel!", brüllt er in Richtung Vorderdeck. Der tollpatschige Tim fällt vor Schreck rückwärts von seinem Hocker, landet unsanft auf dem Po und reißt dabei noch den Tisch mit dem Kartenspiel um. Der kräftige Klaus hält sich vor Lachen den Bauch und kichert: „Nur weil du verlierst, musst du ja nicht gleich den ganzen Tisch umstoßen." Er reicht ihm seine riesige Hand und hilft ihm wieder auf die Beine.

Die Mannschaft ist nun versammelt und richtet die großen Segel aus. Käpten Zottelbart steuert das Schiff zu der geheimnisvollen Flasche. Mit einem Netz fischen sie den Gegenstand aus dem Wasser.
Alle schauen gespannt auf ihre Entdeckung.

„Schau mal", sagt der tollpatschige Tim, „da ist etwas drin." „Etwas zu trinken?", fragt der kräftige Klaus. „Nein, du Dummkopf!", ruft Käpten Zottelbart. „Das sieht aus wie ein Stück Papier." Da kommt dem humpelnden Hans eine Idee: „Das ist bestimmt eine Flaschenpost!" „Flaschenpost, Flaschenpost", krächzt Wilma von Käpten Zottelbarts Schulter. „Du meinst, auf dem Papier steht etwas geschrieben?", fragt der tollpatschige Tim neugierig. „Bestimmt", antwortet der humpelnde Hans. Der tollpatschige Tim versucht die Flasche zu öffnen. „Vorsicht!", ruft Käpten Zottelbart. „Fast wäre dir die Flasche runter gefallen, du Tollpatsch!" „Gib her, ich bin stärker als du", sagt der kräftige Klaus. Mit einem Ruck zieht er den Korken aus der Flasche. Eifrig zieht er das Papier heraus und rollt es auseinander. „S-s-sag schon, w-w-was steht drauf?", will der stotternde Piet wissen. „Äääh, irgendwie sieht die Schrift komisch aus", wundert sich der kräftige Klaus. „Du Dummkopf!", ruft Käpten Zottelbart wütend. „Dummkopf, Dummkopf", plapperte der Papagei nach. „Du hältst das Blatt falsch herum!", ärgert sich Käpten

Zottelbart. „Gib her!" Käpten Zottelbart reißt ihm das Blatt aus der Hand. „Moment mal, das ist eine Schatzkarte!" Aufgeregt springt Käpten Zottelbart von seinem Holzbein aufs andere. „Juhu, endlich ein neues Abenteuer!", jubeln die Piraten.

Die Schatzinsel

Mit einem Ziel vor Augen steuert der Käpten das Piratenschiff Richtung Schatzinsel. „Auf der Karte steht, wir müssen Richtung Süden fahren", sagt Käpten Zottelbart zu seiner Mannschaft. Er holt einen Kompass aus der Hosentasche seiner zerrissenen Jeans. „Er wird uns den Weg zeigen." „Auf gehts, Piraten ahoi!", ruft die Mannschaft im Chor. „Piraten ahoi, Piraten ahoi", krächzt Wilma. Drei lange Stunden fahren sie über das Meer. Plötzlich zieht sich der Himmel zu und die Wellen werden immer höher. „O-o-oje, da b-b-braut sich etwas zusammen!", ruft der stotternde Piet mit zitternder Stimme vom Mast herunter. „Alle an ihre Posten!", befielt

der Käpten. „Jetzt wird es ungemütlich!" Der Sturm zieht auf. Die Wellen sind meterhoch und schaukeln das Schiff mitsamt dem Käpten und der Mannschaft ordentlich durch. Die dunkelbraunen Holzbretter, die das Piratenschiff zusammenhalten, knarren und ächzen unter der Gewalt des Meeres. „Haltet durch Männer, gleich haben wir es geschafft! Der Himmel klart schon wieder auf!", brüllt Käpten Zottelbart gegen den Wind und hofft, dass seine Mannschaft ihn, bei dem Lärm des Donners und der Wellen, die gegen den Bug des Schiffes schlagen, hören kann.

Zehn Minuten später, die sich für die Piraten wie zehn Stunden anfühlen, ist der Spuk vorbei und das Meer hat sich wieder beruhigt. Die Männer und Wilma atmen erleichtert durch. „Zum Glück haben wir das stabilste und beste Piratenschiff in allen sieben Weltmeeren!", schwärmt Zottelbart.

Zwei weitere lange Stunden sehen sie nur Wasser am Horizont. Als sie schon fast nicht mehr daran geglaubt haben, taucht in weiter Ferne eine kleine Insel auf. Der stotternde Piet ruft vom Mast hinunter: „K-K-Käpten, L-L-L-Land in Siiiiicht!" Die Mannschaft gibt noch einmal alles und lenkt das Piratenschiff in Richtung der unbekannten Insel.

Nun ist es mucksmäuschenstill auf dem Schiff. Alle sind gespannt, was sie auf der fremden Insel erwartet. „Die Insel habe ich noch nie auf einer Karte gesehen", sagt Käpten Zottelbart verblüfft. Das Piratenschiff legt an einem wunderschönen Sandstrand auf der Insel an. Der Sand ist weiß und fein wie Puder. Überall stehen prächtige Palmen

mit schweren Kokosnüssen unter den großen Blättern. „Ob es hier Menschen gibt?", fragt der tollpatschige Tim. „Oder w-wilde T-T-Tiere", flüstert der stotternde Piet ängstlich. „Los Männer, auf uns wartet ein Schatz. Die Schatzkarte aus der Flaschenpost zeigt uns den Weg", verkündet Käpten Zottelbart abenteuerlustig.

Die fünf Männer und ihr Käpten laufen in den dichten Urwald hinein. „Aua!", schreit der tollpatschige Tim und liegt lang auf der Nase. Er ist über einen Ast gestolpert. „Du Tollpatsch!", ruft Käpten Zottelbart, „so kommen wir nie ans Ziel!" „Tollpatsch, Tollpatsch", krächzt Wilma. Sie laufen und laufen und laufen. „Irgendwie sieht hier alles gleich aus", sagt der humpelnde Hans, „haben wir uns verlaufen?" „Der Schatz muss genau hier sein", antwortet Käpten Zottelbart und bleibt abrupt stehen. „Genau hier?", fragt der kräftige Klaus, „aber ich sehe gar nichts." „Wo ist eigentlich der stumme Henry?", wundert sich der Käpten. Plötzlich hören sie ein Knacken im Gebüsch. Alle sind ganz still und halten

die Luft an. Sogar die Papageiendame Wilma hält ihren Schnabel. „V-V-Vielleicht ist das ein T-T-Tiger", flüstert der stotternde Piet ängstlich. Dann hören sie eine Stimme. „Ich habe den Schatz!" „Wer ist das?", fragt der kräftige Klaus. Die Männer folgen der unbekannten Stimme.

Auf einer Lichtung steht der stumme Henry. „Ach, das ist der Henry!", ruft der kräftige Klaus erleichtert. Die Mannschaft freut sich, denn sie haben ihn noch nie reden gehört. „Du kannst reden?", fragt der tollpatschige Tim erstaunt. „Ich rede nur, wenn ich etwas Wichtiges zu sagen habe", erklärt der stumme Henry, „seht, was ich gefunden habe." Er zeigt auf einen großen Gegenstand, der gut versteckt unter einer Palme zwischen hohen Gräsern steht. „I-i-i-ist das wirklich eine Sch-Sch-Schatztruhe?", flüstert der stotternde Piet aufgeregt. Die Männer versammeln sich um die Kiste und begutachten sie mit großen Augen. „Geht mal zur Seite!", befielt der kräftige Klaus mit dunkler Stimme und spannt seine Muskeln an.

Selbstsicher versucht er die Kiste zu öffnen. Doch er muss bald enttäuscht aufgeben, denn sie ist fest verschlossen. „Ich habe eine Idee", sagt der Käpten, holt einen schweren Stein und reicht ihn weiter an den kräftigen Klaus. Der holt weit aus und... PENG!...mit einem lauten Knall fällt das Schloss herunter. Der stumme Henry hebt vorsichtig den schweren Deckel der Truhe. Die Schatzkiste öffnet sich mit einem leisen Knarren, als würde man eine alte Holztür langsam öffnen.

Der Dieb

Perlen, Gold, Münzen und Schmuck leuchten den Männern und Wilma entgegen. „Wir sind reich!", brüllt Käpten Zottelbart mit einem breiten Grinsen im Gesicht. „Reich, reich", krächzt Wilma von seiner Schulter. „Aber wie k-k-kriegen wir die Schatzkiste zu unserem Schiff?", fragt der stotternde Tim. „Kein Problem", antwortet der kräftige Klaus selbstbewusst. Wieder spannt er die Muskeln an und zieht und zieht und schiebt und schiebt. Doch die Truhe bewegt sich keinen Zentimeter von der Stelle, als wäre sie fest gewachsen. „So ein Mist!", brummt der kräftige Klaus leise in seinen Schnurrbart. „Ok", sagt Käpten Zottelbart,

„dann steckt sich jetzt jeder so viel Gold und Perlen und Schmuck in die Taschen wie er tragen kann." Gesagt, getan, vollgepackt bis oben hin mit den wertvollen Schätzen marschieren Käpten Zottelbart und seine Mannschaft durch den dichten Urwald zurück zu ihrem Schiff. Zum Glück hat sich die Papageiendame Wilma den Weg gemerkt und fliegt voran.

Plötzlich zupft jemand an der Tasche vom tollpatschigen Tim. „Heeeey!", ruft er, „wer war das?" Da bemerkt er, dass die Perlenkette weg ist, die bis gerade eben noch in seiner Tasche steckte. „Käpten, jemand hat mir die Perlenkette geklaut!" „Was redest du? Hier ist doch niemand außer uns. Du hast sie bestimmt verloren, du Tollpatsch!" Der tollpatschige Tim kratzt sich nachdenklich am Kopf. Die Männer setzen ihren Weg fort. Plötzlich zieht auch jemand an der Tasche vom stotternden Piet. Schwups, der goldene Ring ist auch verschwunden. „K-K-K-Käpten, jemand hat mir den goldenen R-R-Ring geklaut." Die Piraten bleiben stehen. „Was geht hier vor sich?", fragt der humpelnde Hans ängstlich. „Da, auf dem Baum!", ruft der Käpten. Ein Affe lässt sich mit einem Arm vom Baum hängen und klaut dem Käpten mit der anderen Hand die Krone vom Kopf. „Du frecher Dieb!", ruft Käpten Zottelbart. „Ergreift ihn!" „Ergreift ihn, ergreift ihn", krächzt Wilma und hopst aufgeregt auf der Schulter vom Käpten hin und her. Die Piraten versuchen auf den Baum zu klettern. Doch der

tollpatschige Tim rutscht ab und fällt herunter. Dabei zieht er die anderen Piraten mit. Wie ein großer Piratenhaufen liegen sie auf dem Boden. „Aua, du liegst auf meinem Bein!" „Und du auf meinem Arm!" Der freche Affe ist verschwunden. „Ihr seid auch zu nichts zu gebrauchen", brummt Zottelbart verärgert. „Los wir gehen zurück, es wird bald dunkel."

Endlich kommen die Piraten bei ihrem Schiff an. Plötzlich hören sie ein Geräusch hinter sich. „D-D-D-Da ist der Affe", ruft der stotternde Piet, „mit unseren Sch-Sch-Schätzen!" Der Affe rennt an ihnen vorbei und klettert aufs Piratenschiff. „Ich glaube, er will sich uns anschließen", kichert der humpelnde Hans, „er will auch ein Pirat sein." „Ein guter Dieb ist er ja schon", lacht Käpten Zottelbart. „Also gut, dann gehört der Affe jetzt auch zu unserer Mannschaft. Aber wenn er ein echtes Mitglied in unserer Gruppe sein möchte, braucht er auch einen echten Piratennamen. Wie sollen wir ihn nennen?" „Hm, wie wäre es mit Fritz, der freche Fritz?", schlägt der humpelnde Hans vor. „Fritz, Fritz", krächzt Wilma. „Äffchen wie findest du den Namen?", fragt der Käpten. Erwartungsvoll schauen alle den Affen an. Im nächsten Moment schnappt er sich den Piratenhut vom Käpten, klettert auf den Mast und zeigt in Richtung Horizont. Die Männer müssen lauthals lachen. „Dann ist wohl alles klar!", freut sich Käpten Zottelbart. Mit dem ganzen Schiff voller wertvoller Fracht und ihrem neuen Kameraden, dem frechen Fritz, stechen die Piraten

wieder in See, bereit für das nächste große Abenteuer. „Piraten ahoi!", rufen alle im Chor und setzen die Segel Richtung Horizont, wo die Sonne langsam untergeht und das Wasser rot färbt.

Bilder ausmalen

Male deinen eigenen Käpten.

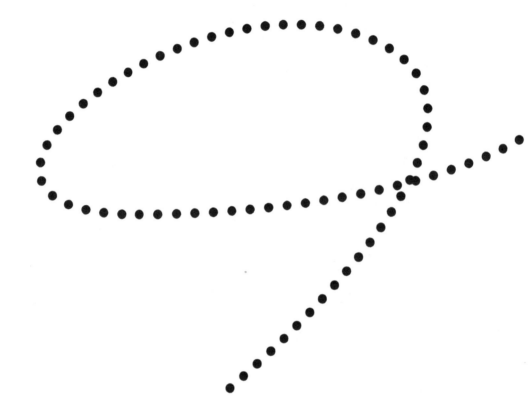

Male deine eigene Mannschaft.

Male dein eigenes Piratenschiff.

Was sieht der stotternde Piet durch sein Fernrohr?

Male eine Schatzkarte.

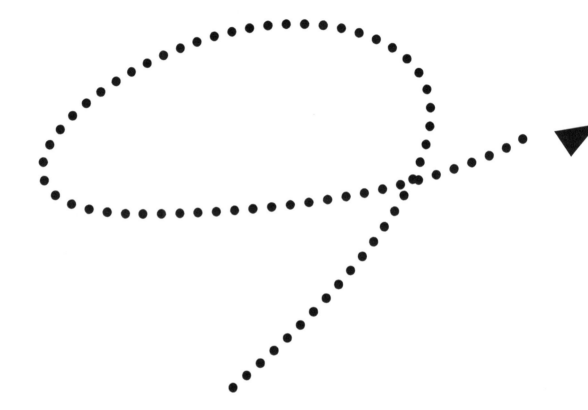

Male eine einsame Insel.

Was hättest du gerne in deiner Schatztruhe?

Wie könnte die Geschichte weitergehen? Male oder schreibe eine Fortsetzung.

Haftungsausschluss

Die Umsetzung aller enthaltenen Informationen, Anleitungen und Strategien dieses Buchs erfolgt auf eigenes Risiko. Für etwaige Schäden jeglicher Art kann der Autor aus keinem Rechtsgrund eine Haftung übernehmen. Für Schäden materieller oder ideeller Art, die durch die Nutzung oder Nichtnutzung der Informationen bzw. durch die Nutzung fehlerhafter und/oder unvollständiger Informationen verursacht wurden, sind Haftungsansprüche gegen den Autor grundsätzlich ausgeschlossen. Ausgeschlossen sind daher auch jegliche Rechts- und Schadensersatzansprüche. Dieses Werk wurde mit größter Sorgfalt nach bestem Wissen und Gewissen erarbeitet und niedergeschrieben. Für die Aktualität, Vollständigkeit und Qualität der Informationen übernimmt der Autor jedoch keinerlei Gewähr. Auch können Druckfehler und Falschinformationen nicht vollständig ausgeschlossen werden. Die Bilder stammen von der Homepage www.pixabay.com und es handelt sich um lizenzfreie Fotos. Für fehlerhafte Angaben vom Autor kann keine juristische Verantwortung sowie Haftung in irgendeiner Form übernommen werden.

Urheberrecht

Alle Inhalte dieses Werkes sowie Informationen, Strategien und Tipps sind urheberrechtlich geschützt. Alle Rechte sind vorbehalten. Jeglicher Nachdruck oder jegliche Reproduktion - auch nur auszugsweise - in irgendeiner Form wie Fotokopie oder ähnlichen Verfahren, Einspeicherung, Verarbeitung, Vervielfältigung und Verbreitung mit Hilfe von elektronischen Systemen jeglicher Art (gesamt oder nur auszugsweise) ist ohne ausdrückliche schriftliche Genehmigung des Autors strengstens untersagt. Alle Übersetzungsrechte vorbehalten. Die Inhalte dürfen keinesfalls veröffentlicht werden. Bei Missachtung behält sich der Autor rechtliche Schritte vor.

Impressum

© Sandra Cichon

2022

1. Auflage

Alle Rechte vorbehalten

Nachdruck, auch in Auszügen, nicht gestattet

Kein Teil dieses Werkes darf ohne schriftliche Genehmigung des Autors in irgendeiner Form reproduziert, vervielfältigt oder verbreitet werden

Kontakt:

Sandra Cichon, Lastenstraße 17a, 4020 Linz, Österreich

E-Mail: sandra.Cichon1@web.de

Printed in Poland
by Amazon Fulfillment
Poland Sp. z o.o., Wrocław